PROJET DE LOI

SUR LES

SOCIÉTÉS PAR ACTIONS

RAPPORT

Présenté par M. JACQUAND

Dans la séance du 10 décembre 1885

LYON

IMPRIMERIE A. WALTENER ET C

14, rue Belle-Cordière, 14

1885

PROJET DE LOI

SUR LES SOCIÉTÉS PAR ACTIONS

PROJET DE LOI

SUR LES

SOCIÉTÉS PAR ACTIONS

RAPPORT

Présenté par M. JACQUAND

Dans la séance du 10 décembre 1885

LYON

IMPRIMERIE A. WALTENER ET C

14, rue Belle-Cordière, 14

1885

PROJET DE LOI

SUR LES

SOCIÉTÉS PAR ACTIONS

Dans sa séance du 10 décembre mil huit cent quatre-vingt-cinq, où se trouvent réunis :

M. MASSICAULT, Préfet du Rhône, *président d'honneur.*

M. SEVENE, *président*;

MM. FOUGASSE, *vice-président*; PAULE, PAYEN, MULATON, Marius DUC, OSMONT, ROCHE-ALIX, Edouard AYNARD, DE LA ROCHETTE, JACQUAND, GUERIN, MARNAS,

Et Adrien GOURD, *secrétaire*,

M. JACQUAND, présente le rapport suivant, au nom de la Commission des intérêts publics :

MESSIEURS,

Liberté et règlementation des Sociétés par actions.

Ceux qui ont étudié de près le fonctionnement des Sociétés commerciales se divisent en deux écoles : la première qui repousse toute règlementation particulière et voudrait simplement les placer d'une façon spéciale sous les articles 1131, 1382

PROJET DE LOI

SUR LES

SOCIÉTÉS PAR ACTIONS

RAPPORT

Présenté par M. JACQUAND

Dans la séance du 10 décembre 1885

LYON

IMPRIMERIE A. WALTENER ET C

14, rue Belle-Cordière, 14

1885

PROJET DE LOI

SUR LES

SOCIÉTÉS PAR ACTIONS

Dans sa séance du 10 décembre mil huit cent quatre-vingt-cinq, où se trouvent réunis :

M. MASSICAULT, Préfet du Rhône, *président d'honneur.*

M. SEVENE, *président*;

MM. FOUGASSE, *vice-président*; PAULE, PAYEN, MULATON, Marius DUC, OSMONT, ROCHE-ALIX, Edouard AYNARD, DE LA ROCHETTE, JACQUAND, GUERIN, MARNAS,

Et Adrien GOURD, *secrétaire,*

M. JACQUAND, présente le rapport suivant, au nom de la Commission des intérêts publics :

MESSIEURS,

Liberté et règlementation des Sociétés par actions. Ceux qui ont étudié de près le fonctionnement des Sociétés commerciales se divisent en deux écoles : la première qui repousse toute règlementation particulière et voudrait simplement les placer d'une façon spéciale sous les articles 1131, 1382 et suivants du Code civil ; la seconde qui considère la matière comme tellement dangereuse qu'elle exige l'intervention active et la vigilance constante du législateur.

Dans ce dernier système qui a prévalu en France depuis 1856, la loi qui doit régir les Sociétés ne peut être qu'une œuvre progressive, destinée à recevoir, avec le temps, les améliorations suggérées par l'expérience.

But du projet de loi. C'est donc pour corriger et compléter la loi du 24 juillet 1867 que le Gouvernement a présenté au Parlement le projet sur lequel la Chambre de Commerce de Lyon est appelée à formuler son avis.

L'honorable M. Bozérian, rapporteur de la Commission sénatoriale, a tracé dans un langage expressif l'idée dominante de ses auteurs et le plan général de toute loi sur les Sociétés par actions (1). Malheureusement, la réalisation de ce programme rencontre de nombreuses difficultés. Nous n'hésitons pas à déclarer que le projet en discussion n'a point tenu la balance égale entre les intérêts qu'il avait à concilier.

Ses caractères généraux.

« La Commission extra-parlementaire, dit M. Mathieu Bodet (2), a accordé trop d'importance aux doléances de cette partie du public qui estime qu'on peut suppléer à la sagesse et à la prudence humaine par des mesures de protection légale, qu'on peut avec des textes de loi gouverner les passions, mettre un frein à l'ardeur du jeu et du lucre, empêcher les promesses mensongères, prévenir les calculs de la fraude et les ruines privées. Elle a pris dans les ouvrages des écrivains qui se sont fait les organes de ces réclamations, et dans les législations européennes les moins libérales, les formalités les plus compliquées, et les pénalités les plus sévères ; elle y a ajouté des prescriptions nouvelles, des causes nombreuses de nullité, un grand nombre de peines, notamment l'emprisonne-

---

(1) Rapport de M. Bozérian au Sénat, page 10.

(2) *Journal des Economistes*, mai 1884, pages 167 et 171.

ment pour une multitude de cas..... Le gouvernement reconnaît que le projet de loi est plus sévère que toutes les législations étrangères; mais il pense que cette sévérité est nécessaire pour tranquilliser le public. Au lieu de donner satisfaction à l'opinion, il aurait dû, au contraire, se tenir en garde contre ses entraînements. »

Ses inconvénients et ses dangers.

En lisant la nomenclature des sanctions auxquelles seront exposés les fondateurs et administrateurs, on se croirait transporté en plein code pénal; et, si l'on étudie attentivement les formalités minutieuses et multipliées qui présideront à la constitution des Sociétés, on restera persuadé qu'il n'existe pas de terrain plus scabreux, à tel point qu'un homme honorable, soucieux de sa tranquillité et de sa considération, ne saurait s'y aventurer.

Personne ne conteste cependant l'utilité des Sociétés par actions qui ont puissamment contribué et qui aideront encore largement à notre développement économique. Si quelques-unes ont occasionné des ruines et des scandales, n'oublions pas que ce sont des faits isolés, comme la faillite ou la banqueroute des simples négociants auxquels il arrive quelquefois de compromettre la fortune de leurs créanciers et de leurs commanditaires.

Tout le monde aussi est d'accord que, loin d'écarter les honnêtes gens des fonctions d'administrateurs, en les frappant de suspicion légitime, on doit faciliter leur accès à tous ceux qui sont capables de les remplir, de peur qu'elles ne tombent en de mauvaises mains.

A ce double point de vue, le projet de loi dépasse le but que se sont proposé ses auteurs. Les utiles réformes qu'il introduit dans la législation actuelle sont trop souvent compensées par

Dans le fond, c'est une loi de réaction.

un excès de formalisme et par une allure générale de défiance qui lui impriment la marque caractéristique d'une loi de réaction.

Nous aurons plus d'une fois l'occasion de le démontrer en suivant successivement ses principales dispositions.

TITRE PREMIER

Des Sociétés anonymes.

Article premier.
§ 2. La forme des statuts ne doit avoir aucune influence sur le fonctionnement des Sociétés anonymes.
Intérêt de la question au point de vue des hypothèques.

Le second alinéa de l'article 1er autorise la formation des Sociétés anonymes par acte sous-seing privé passé en double original.

Mais cette faculté sera plus apparente que réelle si les tribunaux doivent persister dans la jurisprudence qu'ils ont récemment adoptée en matière d'hypothèques. Leur théorie qui s'appuie sur de véritables subtilités mettra plus d'une Société dans l'impossibilité d'emprunter; de là une cause fréquente de ruine ou de discrédit dont les actionnaires seront les premières victimes. Le moyen d'y remédier consiste à placer toutes les Sociétés sur le même pied, quelle que soit la forme de leurs statuts.

Article 3.
§ 1er. — Actions de 100 fr. et au-dessous; comportent-elles une libération par versements successifs?

Le projet du gouvernement autorise les Sociétés dont le capital n'excède pas 200,000 francs à créer des actions de 100 francs. Le Sénat permet d'abaisser cette limite à 50 francs lorsque le capital est inférieur à 100,000 francs.

Au cours de la discussion, M. Tolain a vivement insisté pour que ces titres fussent intégralement libérés dès l'origine. Leurs souscripteurs et acquéreurs seront généralement des ouvriers, de petits rentiers que des appels de fonds inopinés jetteront dans un grand embarras.

Votre Commission est d'avis que le vœu de M. Tolain mérite d'être pris en sérieuse considération.

§ 2. La condition du versement obligatoire en espèces, à l'exclusion de tout autre mode de paiement est surannée et exorbitante.

Quant au versement, le Sénat amendant le projet officiel entend qu'il se fasse obligatoirement en espèces, et non autrement.

C'est là une formalité qu'on a le droit de trouver surannée et.exorbitante au point de vue des usages commerciaux.

Nécessité d'admettre des équipollents.

« Malgré les termes de la loi de 1867, la jurisprudence a été obligée d'admettre des équipollents, comme des valeurs d'une réalisation certaine et immédiate, des versements en compensation, dit la Cour de Cassation ; cependant la jurisprudence a plutôt tendu à exagérer qu'à atténuer les rigueurs de la loi de 1867 ; *mais le bon sens et la force des choses commandent de telles assimilations.* » (1)

Or, en prenant à la lettre la rédaction du Sénat, le souscripteur ne pourra verser le premier quart ni au moyen d'un virement de compte, ni par chèque ou mandat postal, ni même en billets de banque, lesquels ne sont point, à proprement parler, des espèces.

Comment il faut entendre la condition du versement par chaque actionnaire.

Il faut encore que le premier versement soit effectué par chaque actionnaire. Cette prescription existait déjà dans la loi de 1867. La doctrine et la jurisprudence l'ont quelquefois interprétée de la façon la plus rigoureuse. On a soutenu par exemple que le souscripteur ne pouvait point faire opérer ce versement par un tiers payant pour lui, notamment par son banquier, à moins que ce dernier n'eût provision suffisante.

Cela n'est pas sérieux. Outre que le crédit de chacun constitue une valeur qui s'escompte tous les jours, le versement exigé de l'actionnaire n'est en définitive que l'acquit d'une dette contractée par lui au moment de sa souscription. Où trouverait-on dans nos codes une disposition annulant le paiement fait par un tiers, valeur en compte, ou avec de l'argent prêté ?

En vain dira-t-on que le législateur se montre particulièrement rigoureux afin d'assurer à la société naissante le concours d'actionnaires solvables. Sans prétendre qu'on ne prête qu'aux riches, nous nous refuserons toujours à voir dans un

---

(1) Exposé des motifs, page 11.

emprunt la preuve de l'insolvabilité du débiteur. Le propriétaire qui a hypothéqué ses immeubles, les banquiers et les sociétés de crédit qui font valoir les capitaux de leurs clients devraient-ils donc être exclus du nombre des souscripteurs ?

Qui oserait aller jusque là ?

Si l'on songe aux graves conséquences des nullités de Sociétés, aux tracasseries parfois malsaines de quelques actionnaires et aux applications étroites ou excessives que les juges ont faites de la loi de 1867, on conviendra que les termes absolus de l'article 3, § 2 amendé, ouvrent la porte à des contestations indéfinies et dépourvues de tout intérêt fondamental.

Il est vraiment puéril de subordonner la validité d'une Société à de simples apparences, à des actes purement figuratifs plutôt qu'à la réalité.

Qui pourra empêcher le souscripteur de négocier du papier de complaisance pour se créer fictivement un avoir en compte-courant? Pourquoi le virement entre deux banquiers qui l'auront accepté sera-t-il moins valable qu'un mouvement d'espèces faisant la navette de l'un à l'autre, ou du guichet n° 1 au guichet n° 2 de la même banque? Quelle nécessité y a-t-il enfin d'exhumer l'antique formule de la monnaie sonnante et trébuchante ?

Que le législateur fasse table rase de ces trompe-l'œil ; qu'il se contente d'obliger le souscripteur à remplir ses engagements dont le premier consiste à verser le quart au moins du montant de son action. Peu importe comment et avec quels fonds ce dernier s'en acquittera. L'essentiel est que le paiement soit *effectif*, c'est-à-dire réel, définitif, de telle sorte que la société ne coure aucun risque d'en être frustrée, même partiellement.

Votre Commission demande en conséquence que ce paragraphe 2 soit rédigé ainsi : *Elles ne peuvent être définitivement constituées qu'après la souscription de la totalité du capital et le versement* EFFECTIF *du quart au moins du montant de chaque action.*

Article 5. — La négociation n'est permise qu'après la constitution définitive de la Société.
Il y a lieu d'autoriser la cession par les voies civiles.

Les actions resteront nominatives jusqu'à leur entière libération.

Leur conversion au porteur.

Article 6. — Les amendements du Sénat.

L'actionnaire qui a aliéné son titre n'est plus responsable, deux ans après le transfert, des versements non effectués.

Nécessité de régler les délais et formalités de transfert.
Circulation d'actions non libérées, au moyen d'une feuille de transfert en blanc.
Un pareil abus doit être réprimé.

Le Sénat a interdit non seulement la négociation des actions, mais encore leur cession par les voies civiles, tant que la société n'est pas définitivement constituée.

Une telle prohibition est beaucoup trop exclusive. Elle ne devrait point s'étendre aux partages de successions, aux liquidations, aux donations entre vifs, non plus qu'aux dations en paiement, à charge par les parties de se conformer aux articles 1689 et suivants du Code civil.

On ne saurait trop approuver la disposition du deuxième alinéa en vertu duquel les actions resteront nominatives jusqu'à leur entière libération.

Cette importante réforme était impérieusement commandée par les résultats extravagants de la législation actuelle.

Le dernier paragraphe règle équitablement le droit de l'actionnaire qui, ayant rempli toutes ses obligations, est désormais libéré et n'a point à subir les conséquences de la négligence de ses coassociés.

Les amendements que le Sénat a apportés au texte de l'article 6 en rendent les prescriptions plus claires et plus pratiques.

Votre Commission recommande à votre approbation le dernier alinéa qui affranchit de la responsabilité des versements non effectués, le souscripteur et le porteur intermédiaire lorsqu'ils ont aliéné leur titre depuis plus de deux ans.

On ne recrutera en effet les actionnaires parmi les gens sérieux qu'en limitant leurs engagements à une période déterminée. Celui qui vend ses actions renonce aux chances heureuses y attachées ; mais il entend aussi éviter les risques de pertes ou les appels de fonds éventuels qu'il n'a plus le pouvoir d'empêcher par ses votes et sa participation aux assemblées générales.

Le projet de loi a omis de résoudre les questions relatives aux formalités et aux délais de transfert, bien que l'on ait eu à se plaindre des exigences ou des agissements de quelques Sociétés.

Nous croyons devoir signaler un genre de fraude qui s'est

largement pratiqué, et qui consiste pour l'acheteur à s'affranchir de toute responsabilité par un abus de blanc-seing. Un grand nombre de titres ont circulé, circulent peut-être encore avec des feuilles de transfert signées du vendeur, mais sans indication du nom de l'acheteur. Par ce procédé, on commet une double illégalité, puisque l'on transforme indirectement des valeurs nominatives en valeurs au porteur, et que l'on prive le cédant de la garantie d'un ou de plusieurs cessionnaires successifs, sans compter les droits dont le Trésor est frustré.

Afin de couper court à cette irrégularité, il serait à propos de frapper d'une forte amende les agents de change et autres intermédiaires qui s'y prêtent, comme les spéculateurs qui cherchent à en bénéficier, et d'interdire aux Sociétés d'opérer le transfert, quand la feuille signée du vendeur aura plus de huit ou dix jours de date; le tout sans préjudice de dommages-intérêts, le cas échéant.

ARTICLE 7. — Les apports peuvent être représentés par des actions libérées en partie.

Aux termes de l'article 7 « les apports en nature peuvent être représentés par des actions libérées soit en totalité, soit en partie. Dans ce dernier cas, les apports peuvent, en vertu des statuts, servir à la libération partielle des actions, et être imputés, soit sur le versement du premier quart, soit sur les versements ultérieurs. »

Le Sénat s'est refusé à consacrer cette disposition.

Ces dispositions libérales, conformes aux principes généraux du contrat de Société (articles 1832 et 1833 du Code civil), ont été rejetées par le Sénat qui a traité les apporteurs avec une extrême rigueur. Non seulement les apports en nature ne devront être représentés que par des actions entièrement libérées, mais encore celles-ci seront retenues à la souche pendant deux ans et frappées d'un timbre indiquant cette inaliénabilité temporaire.

Graves inconvénients du système adopté par le Sénat.

Nous n'hésitons pas à condamner de pareilles exigences que l'honorable M. Denormandie a énergiquement combattues au cours de la discussion générale. Il a démontré « qu'il serait habile et utile de retenir l'apporteur dans la Société, car celui

qui prend, qui accepte l'engagement de faire des versements
sur les actions à lui attribuées est certainement plus intéressé
au succès de l'affaire que celui qui, ayant reçu des actions entièrement libérées, n'a plus ni engagements, ni relations avec
la Société.

« Voici, ajoute-t-il, un homme qui fait un apport en Société;
il se soumet à toutes les obligations de la loi, il les subit; on
fait l'examen, la vérification de la valeur de son apport; on le
contrôle très rigoureusement, et, après l'avoir trouvé satisfaisant, on lui attribue des actions. Mais, au lieu de les lui délivrer, alors cependant qu'il est dessaisi de sa propriété, on lui
dit : Nous gardons tout, votre propriété définitivement, et,
quant à vos actions, nous allons les emprisonner dans nos
caisses pendant deux ans. Ceci est excessif. Une prétention de
cette nature dépasse les véritables limites de la prévoyance et
presque du droit commun (1). »

« C'était, dit de son côté l'exposé des motifs (2), une question de savoir s'il fallait conserver la faculté de payer en actions
les apports en nature. Mais on a reconnu que cette faculté est
des plus précieuses pour les Sociétés. D'abord il est toujours
avantageux de payer son créancier avec sa propre monnaie,
avec son papier : ensuite, nombre de Sociétés, grandes et
petites, sont fondées par des chefs d'industrie ou des maisons
de commerce qui veulent, sans se retirer, limiter leurs risques
et ne plus hasarder toute leur fortune dans les entreprises. Ils
créent une Société à laquelle ils vendent leur usine ou leur
maison : ils restent à la tête des affaires comme directeurs ou
administrateurs, et sont payés avec des actions. De cette façon
d'agir, la Société tire un double avantage, de n'être pas écrasée
dans sa fortune par le paiement en espèces du fonds qu'elle
achète, et de conserver une direction expérimentée et inté-

---

(1) *Journal officiel*, 19 novembre 1884, page 1713.

(2) Pages 17 et 18.

ressée autrement que par un traitement fixe indépendant de la prospérité des affaires. »

Ces considérations semblent péremptoires. On peut ajouter que le système du Sénat mettra souvent l'apporteur dans la position la plus critique ; quand ce sera un inventeur plus ou moins besogneux et endetté, comment fera-t-il pour nourrir sa famille et pour payer ses créanciers, si on lui enlève le pouvoir d'aliéner une partie de ses actions ? Il deviendra la proie des usuriers ou des spéculateurs qui ne craindront pas d'exploiter sa détresse.

Ce système aura des résultats illusoires.

Enfin, plus la loi sera gênante, plus on s'efforcera de l'éluder. Ceux qui voudront tromper les actionnaires ne procèderont plus par voie d'apport ; ils s'entendront avec des amis complaisants qui formeront le noyau d'un Conseil d'administration ; ils s'arrangeront de manière à trouver des souscripteurs, et la Société, une fois constituée, achètera à beaux deniers comptants ce qu'elle aurait pu payer « avec du papier ». A coup sûr, plus la fraude sera grande, plus le vendeur prendra de précautions pour mettre son prix à l'abri de toutes revendications et poursuites ultérieures.

Il faut donc maintenir dans son entier le texte du projet officiel.

En conséquence, votre Commission vous propose de conclure purement et simplement au maintien de l'article 7 tel qu'il a été présenté par le Gouvernement, et d'émettre un avis contraire aux mesures exagérées et illusoires que le Sénat a cru devoir adopter.

Subsidiairement la période d'inaliénabilité devra être très courte.

Subsidiairement, si la Chambre des députés obéit aux mêmes préventions, votre Commission demande tout au moins qu'au texte du projet primitif on se borne à ajouter une disposition réduisant la période d'inaliénabilité à trois ou six mois, délai très suffisant pour vérifier si la Société a été victime d'une fraude de la part des apporteurs.

Article 8. — Actions de jouissance et parts de fondateurs.

L'article 8, amendé et complété par le Sénat, consacre la légalité des actions de jouissance et des parts de fondateurs.

Article 9. — Le § 2 doit être supprimé et remplacé par une expertise obligatoire.

On ne voit guère comment la première assemblée générale s'y prendra pour vérifier la sincérité de l'acte qui constate la souscription du capital social et le versement du quart de ce capital.

Est-ce qu'une assemblée peut, séance tenante, se livrer à une pareille vérification ?

Le moyen le plus pratique est précisément celui qu'indique le troisième alinéa. Au lieu de lui laisser le caractère facultatif, on n'aurait qu'à le rendre obligatoire. Le § 2 devrait dès lors être supprimé.

Article 11. — L'assemblée générale pourra accepter une réduction sur la valeur des apports.

Aux termes de l'article 11, l'assemblée générale peut accepter toute réduction consentie sur les avantages particuliers stipulés ou sur l'évaluation des apports.

A ce sujet, une question intéressante a été soulevée par M. Tolain, celle de savoir s'il serait permis à un ou plusieurs souscripteurs de se dégager après avoir entendu le rapport des experts et des commissaires vérificateurs, alors même que la majorité se prononcerait dans un sens favorable aux prétentions des apporteurs, ou aux réductions consenties par eux.

Question soulevée par M. Tolain.

M. Tolain tenait pour l'affirmative, M. Bozérian pour la négative, chacun invoquant à l'appui de sa thèse des arguments très sérieux. Peut-être trancherait-on sagement le débat en exigeant l'approbation des trois quarts des actionnaires présents. Puisque de tout temps on a considéré, non sans quelque raison, l'actionnaire comme un personnage essentiellement ignorant et crédule, convient-il que les plus clairvoyants restent enchaînés par la naïveté des autres, lorsqu'ils seront en nombre suffisant pour exclure toute idée de chantage ou de manœuvres équivoques ?

Article 12. — Le § 3 doit être supprimé.

Le Sénat a supprimé le dernier alinéa de l'article 12 sur la très juste observation de son rapporteur qu'une Société se fonde souvent dans un but manifestement aléatoire comme une entreprise d'assurance ou de recherche de mine, l'exploitation industrielle de certains brevets ou procédés de laboratoire, etc.

ARTICLE 13. — Pourquoi sa rédaction a été modifiée par le Sénat.

La rédaction de l'article 13 a été amendée par suite d'une transaction entre la Commission et M. Denormandie. Cette transaction est regrettable car elle laisse la porte ouverte à des agissements d'autant plus répréhensibles qu'ils se couvrent hypocritement du voile de la légalité. Nous voulons parler des émissions d'actions avec primes et des syndicats financiers qui permettent si souvent de tourner la loi, de fausser le marché, de faire un apport véreux ou de dissimuler des avantages exorbitants en faveur des fondateurs.

Des syndicats financiers et de leurs abus.

Tout le monde sait comment on s'y prend pour procéder avec des compères aux formalités constitutives d'une Société en apparence sérieuse, mais qui n'a d'autre but qu'une spéculation à la hausse. Suivant l'argot spécial aux boursiers, on *chauffe la valeur* dans les journaux ou dans les bulletins financiers, on *traque un découvert* imaginaire, on annonce un *enlèvement des cours*, grâce à des reports faciles ou à des combinaisons fantastiques, jusqu'à ce qu'on ait *repassé le titre au public* avec une majoration que rien ne justifie.

Il importe de les réprimer lorsqu'ils ont un caractère frauduleux ou qu'ils tendent à éluder la présente loi.
Dans ces différents cas ils doivent tomber sous le coup de l'article 419 du Code pénal.

Si la loi tolère de pareils méfaits au nom de la liberté du contrat de vente invoquée par M. Bozérian, ce n'est vraiment pas la peine d'accumuler les minutieuses précautions que prend le législateur pour protéger l'actionnaire. Autant vaudrait construire une digue percée de larges ouvertures par lesquelles s'écoulera le fleuve que l'on veut retenir dans ses rives.

Plus la fraude est habile à se dissimuler, plus la loi doit la réprimer et faciliter le moyen de la combattre.

Ce sont les agissements de ce genre qui ont donné à la crise de 1882 les proportions inouïes qu'elles a atteintes. Ce sont eux aussi qui ont développé la fièvre de la spéculation à tous les degrés de l'échelle sociale, particulièrement dans les classes laborieuses dont ils ont dévoré la patiente épargne.

Que le législateur frappe donc sévèrement ces pratiques néfastes toutes les fois qu'elles présenteront un caractère frauduleux, ou qu'elles auront eu pour but d'éluder les prescriptions de la loi sur les Sociétés. Qu'il leur applique dans ce cas l'article 419 du Code pénal.

Qu'il en soit de même des émissions d'actions avec prime. Qu'il prohibe formellement les émissions avec prime lorsqu'elles prendront une allure de spéculation malhonnête, et que le montant de la majoration ne sera pas versé dans la caisse sociale pour être affecté à un compte d'amortissement ou de réserve légale (1).

Il empêchera ainsi les gens indélicats de s'enrichir aux dépens d'autrui, en même temps qu'il moralisera les Sociétés par actions et le marché financier.

Prétendre que la liberté du contrat de vente en serait atteinte, c'est vraiment jouer sur les mots, car rien ne nuit plus à cette liberté que le pouvoir de fausser arbitrairement la loi de l'offre et de la demande.

Criterium rétrospectif. Les entreprises qui prospèrent de nos jours ne sont pas écloses à l'ombre d'un syndicat de hausse ni à la faveur d'une émission avec prime. Que sont devenues, au contraire, celles que nous avons vu naître avec un vice originel ?

Voilà un criterium que votre Commission se permet de signaler à l'attention des pouvoirs publics ; elle n'en connaît pas de plus concluant.

---

(1) Quand une Société dont les titres se cotent au-dessus du pair voudra augmenter son capital au moyen d'une nouvelle série d'actions, il sera juste qu'elle puisse les émettre avec une prime équivalente à la plus value de l'actif social; mais cette prime ne devra jamais être considérée comme un bénéfice distribuable, car il deviendrait un prétexte de spéculation.

Ce que nous venons de dire des manœuvres tendant à provoquer la hausse factice d'une valeur s'applique, à plus forte raison, à celles qui seront entreprises pour jeter le discrédit sur des Sociétés existantes.

De tout temps, la Chambre de commerce de Lyon a défendu le principe de la liberté commerciale. Pour le défendre encore elle n'hésitera pas à condamner les abus qui risquent de la compromettre.

Comme la loi de 1867, l'article 14 prescrit de choisir les administrateurs parmi les associés.

A notre avis, cette restriction présente beaucoup plus d'inconvénients que d'avantages. Elle privera souvent les Sociétés du concours de personnalités particulièrement compétentes pour gérer les affaires sociales.

Votre Commission pense qu'au lieu d'obliger les actionnaires à recruter le Conseil d'administration dans un cadre trop étroit, il conviendrait de leur laisser le champ libre, sous la seule condition que l'administrateur, pris en dehors des associés, devienne actionnaire dans un court délai, et puisse ainsi fournir la garantie requise par l'article 17.

Le Sénat a utilement complété les articles 15, 16 et 18 du projet : 1° en déclarant que les administrateurs seront toujours révocables ; 2° en ordonnant que leur acceptation soit désormais constatée dans le procès-verbal de l'assemblée qui les a nommés, ou dans un acte notarié ; 3° en prescrivant aux commissaires de vérifier si toutes les formalités constitutives ont été remplies, et de convoquer les actionnaires dans le cas où ils constateraient leur inobservation ; 4° en rendant obligatoire la convocation de l'assemblée générale chaque fois que la demande en sera faite par les actionnaires représentant la moitié au moins du capital social.

Par contre, en tête de l'article 23 du dit projet, il a ajouté un paragraphe ainsi conçu : « L'assemblée générale peut mo-« difier les statuts de la Société, si cette modification est auto-« risée par les statuts. »

Cette clause, beaucoup trop absolue, suppose d'une part qu'à la naissance de la Société on n'aura commis aucune faute, aucune erreur, aucun acte d'imprévoyance, et d'autre part que les affaires sociales seront toujours prospères ou que certains rapports entre les associés resteront immuables.

Comment sortira-t-on d'embarras dans les éventualités suivantes : Le siège social indiqué dans les statuts est transféré ailleurs par suite d'une expropriation pour cause d'utilité publique; ou bien le mode d'amortissement statutaire devient impraticable à cause d'une évolution industrielle ; ou enfin il est impossible de compléter le Conseil d'administration, parce qu'aucun actionnaire possédant un nombre suffisant de titres ne peut ou ne veut accepter les fonctions d'administrateur ?

On se trouvera dans cette singulière alternative, ou de dissoudre la Société avant son terme, en dépit du § 3 de notre article, ou de violer le pacte social, faute de pouvoir le mettre d'accord avec les exigences de la situation; et dans les deux cas on sera acculé à une impasse.

Votre Commission n'approuve pas davantage les autres dispositions de l'article 23.

Pourquoi la grande majorité, et à plus forte raison la presque unanimité des actionnaires verra-t-elle sa liberté enchaînée par une omission, par une erreur quelconque des statuts, si l'intérêt de la Société exige qu'ils soient modifiés quant au chiffre du capital, à la durée de la Société, etc..... ? Tantôt on aura besoin d'augmenter le capital social pour payer des dettes, pour reconstituer le fonds de roulement, pour transformer un matériel démodé, en un mot pour fonctionner en assurant la prospérité de l'entreprise ou en conjurant sa ruine. Tantôt on aura convenance à rembourser partiellement les actionnaires en cas d'aliénation de certains brevets ou établissements dont on trouvera un prix avantageux. Telle Société devra prolonger sa durée, afin d'éviter les conséquences d'une liquidation prématurée ou intempestive ; telle autre voudra au contraire l'abréger, si l'exploitation coûte plus qu'elle ne rapporte.

Nous pourrions multiplier ces exemples en vue d'établir que la loi rappelant la fable de l'*Ours et de l'Amateur de Jardins*, étouffera les Sociétés à force de vouloir les protéger.

L'article 3 1 de la loi de 1867 était conçu en termes très sages ; il se contentait de subordonner la modification des statuts à l'approbation d'une assemblée générale extraordinaire, composée d'un nombre d'actionnaires représentant la moitié au moins du capital.

Qu'on augmente, si l'on veut, cette proportion. Quand la minorité ne pourra arguer en justice ni de dol ni de fraude, pourquoi le législateur, et, après lui, les tribunaux entraveraient-ils une transformation nécessaire à l'intérêt commun ? Pourquoi, dans un domaine aussi essentiellement contingent, feraient-ils des distinctions plus ou moins théoriques à propos des clauses fondamentales du contrat de Société, ou prétendues telles ? (1)

Il serait préférable de rétablir l'article 3 1 de la loi de 1867, même pour ce que l'on appelle les clauses fondamentales du pacte social.

---

(1) La thèse que nous combattons repose sur ce principe qu'une convention ne peut être modifiée sans le concours de toutes les parties contractantes. Elle est fondée quand il s'agit des personnes ; mais c'est pousser les choses trop loin que de l'appliquer rigoureusement aux Sociétés par actions, dans lesquelles l'idée dominante est celle d'une association de capitaux, abstraction faite des personnes qui changent tous les jours.

Et en effet, telle Société constituée avec vingt actionnaires à son début peut en avoir deux cents quelques années après. Ce n'est donc plus vingt volontés mais deux cents qu'il faudra mettre d'accord pour modifier le pacte social, à la différence de ce qui se passerait dans une Société en nom collectif. Aussi le législateur de 1867, prévoyant cette complication, a-t-il voulu que la majorité fît loi dans les Sociétés par actions. Cela ne sembla faire doute pour personne jusqu'au jour où, dans l'affaire du *Crédit Mobilier*, la Cour de Paris adopta, conformément aux conclusions de l'avocat général Heymard, un système plus ingénieux que légal, d'après lequel l'article 3 1 de la loi de 1867 n'est point appli-

Nécessité de laisser les actionnaires libres de pourvoir à leurs besoins.

· Mais surtout qu'on laisse aux actionnaires le soin de pourvoir à leurs besoins. Rien n'est plus variable que les conditions dans lesquelles se meuvent l'industrie et le commerce ; rien ne peut leur porter un plus grand préjudice qu'une loi les vouant à l'immobilité. Il en est des associations de capitaux comme des individus; la différence des milieux, des professions, des facultés et des tempéraments, repousse l'uniformité de régime. C'est la liberté d'évoluer et d'agir qu'il leur faut dans la bonne comme dans la mauvaise fortune. Si l'exercice ou plutôt l'abus de cette liberté cause quelque dommage à autrui, la partie lésée saisira les tribunaux.

La tyrannie des minorités vaut-elle mieux que celle des majorités ?

L'unanimité des associés est une condition chimérique.

La tyrannie des minorités est aussi dangereuse pour les Sociétés commerciales que celle des majorités.

Quant à croire que l'on suppléera au silence des statuts par l'unanimité des associés, c'est absolument chimérique. L'absence, l'incapacité matérielle, la négligence ou l'indécision de quelques-uns, le mauvais vouloir de quelques autres qui chercheront à vendre leur adhésion, feront échouer tous les efforts. Ce sera bien pis encore dans les Sociétés dont les actions auront été mises au porteur.

Afin de parer à ces inconvénients, on fera de la faculté de revision une clause de style, et l'article 23 rappellera bientôt ces antiques forteresses construites pour dominer des routes qu'on ne suit plus.

Votre Commission conclut donc au rétablissement de l'article 31 de la loi de 1867. Elle reconnaît toutefois que le dernier alinéa de l'article 23 est rationnel, car changer l'objet essentiel de la Société, c'est au fond créer une Société nouvelle par un moyen détourné.

---

cable aux clauses fondamentales du contrat de Société. C'est précisément l'idée que le projet de loi propose de consacrer avec circonstances aggravantes, en s'inspirant de considérations purement théoriques et en dédaignant beaucoup trop, selon nous, le côté pratique de la question.

Sur les articles 24 à 32, nous vous signalons quatre dispositions dont vous apprécierez certainement la sagesse :

1° Un amendement adopté par le Sénat, en vertu duquel il sera interdit aux administrateurs de prendre part au vote pour la nomination des commissaires chargés de contrôler leur gestion et les écritures sociales;

2° La faculté laissée aux Sociétés de distribuer, sous des conditions bien définies, un intérêt à leurs actionnaires, pendant la période de premier établissement des grandes entreprises, alors même qu'aucun bénéfice n'aura encore été réalisé;

3° L'interdiction aux compagnies de répéter les intérêts ou dividendes payés sur les titres sortis au tirage;

4° L'application des formalités constitutives à toute augmentation du capital.

L'article 33 énumère les conditions auxquelles les Sociétés seront autorisées à racheter leurs propres actions.

Par un sentiment exagéré de prudence, le Sénat a été conduit à supprimer le premier des trois cas énumérés dans le projet.

En prescrivant que les achats soient préalablement autorisés par l'assemblée générale, et que les actions rachetées soient aussitôt et définitivement annulées, sans pouvoir jamais être revendues, on n'aurait plus à craindre le genre de spéculation qui a occasionné de récents désastres financiers.

Cette annulation profite aux actionnaires dont elle accroit la quote part dans l'actif social; elle ne nuit point aux créanciers, puisqu'elle s'opère sur des titres entièrement libérés, et que l'on consacre à leur acquisition des bénéfices qui pourraient légitimement se distribuer

Comme conséquence des observations qui précèdent, votre Commission, d'accord en cela avec le Sénat, demande la suppression de l'article 34 et l'application du § 5 de l'article 33 à tous les rachats.

Elle vous propose d'approuver le § 6 qui permet d'opposer la nullité du marché au vendeur de mauvaise foi, c'est-à-dire à celui qui a sciemment fourni la contre partie d'une spéculation illicite.

Le projet de loi est intentionnellement muet sur la question du report.

Le projet de loi est intentionnellement muet sur la question des reports, ainsi que le prouve un passage de l'exposé des motifs (1).

On doit en conclure que le législateur a voulu laisser aux tribunaux un pouvoir d'appréciation, suivant les circonstances.

Article 36. — Il est la reproduction textuelle de l'article 40 de la loi de 1867.

Amendement du Sénat.

L'article 36 du projet est la reproduction textuelle de l'article 40 de la loi de 1867. Malheureusement la discussion dont il a été l'objet au Sénat et la rédaction si restrictive adoptée sur les conclusions de la Commission Sénatoriale menacent de nous ramener bien loin en arrière. Elles tendent à interdire les opérations faites par la Société avec un de ses administrateurs à moins qu'il n'y soit autorisé *nominativement et expressément pour chaque affaire* par l'assemblée générale.

« Par cette addition, dit M. Bozérian (2), on a voulu proscrire la possibilité d'une autorisation générale donnée une fois pour toutes. »

Raisons qui s'opposent à son adoption.

« Il est évident, fait observer M. Paul Pont (3), que dans
« ces termes absolus, (ceux de l'article 23 de la loi de 1863 qu'il
« s'agit de reproduire,) l'interdiction dépassait le but, et
« pouvait rendre très-difficile la formation des conseils
« d'administration. L'exposé des motifs de la loi de 1867 en
« contient la remarque. « On a vu des Sociétés de crédit, y est-
« il dit, trouver difficilement des administrateurs parmi ceux
« qui auraient été les plus capables de les bien diriger, parce
« que, en présence de la prohibition de faire une *opération*
« *quelconque* avec la Société, aucun associé n'était disposé à
« accepter une mission qui l'empêchait de participer aux avan-

---

(1) Page 33.

(2) Rapport au Sénat, page 77.

(3) Voy. *Traité des Sociétés civiles et commerciales* n° 636 et suivants.

« tages offerts à tous les autres. La faculté de demander et
« d'obtenir l'autorisation de l'assemblée générale n'était
« qu'une ressource inutile : il fallait, en effet, que l'autorisa-
« tion fût accordée pour chaque opération spécialement déter-
« minée ; or, cela était impossible, par exemple pour des opéra-
« tions d'escompte pouvant se renouveler chaque jour. Les
« difficultés signalées à l'attention du gouvernement ont dû
« être prises en sérieuse considération. » L'interdiction ne
« porte plus aujourd'hui sur chaque opération ; elle est limitée
« aux entreprises ou aux marchés faits avec la Société ou
« pour son compte. Les conventions auxquelles s'appliquent
« ces dénominations ont ordinairement une importance assez
« grande et leurs effets une durée assez longue pour qu'il soit
« prudent de les assujettir à la nécessité de l'autorisation par
« l'assemblée générale. D'ailleurs l'autorisation, impossible
« pour des opérations distinctes et réitérées, peut être facile-
« ment obtenue pour des transactions comprenant une série
« de travaux ou de fournitures, et, par conséquent, embrassant
« un assez long espace de temps. Ceci indique clairement la
« pensée de la loi : l'interdiction ne porte plus que sur *les*
« *entreprises et les marchés*, c'est-à-dire sur des conventions
« impliquant l'idée de rapports suivis et prolongés. Ainsi, un
« administrateur pourra bien faire avec la Société des actes
« isolés de commerce, des actes distincts et même réitérés, par
« exemple lui acheter ou lui vendre des marchandises, faire
« avec elle des opérations d'escompte au taux courant, etc.
« Au contraire, il ne pourra pas se charger envers elle d'une
« construction avec la série de travaux qu'elle comporte, ou
« d'une fourniture au mois ou à l'année ; faire une assurance
« contre l'incendie, un abonnement pour assurances mariti-
« mes......

« Une interdiction absolue irait au-delà de ce que compor-
« tent l'intérêt des Sociétés et le droit de limiter leur liberté.
« Dans la pratique elle rencontrerait les plus grands obstacles.
« La force des choses la ferait éluder. »

En s'appropriant les idées du savant auteur qu'elle vient de citer, votre Commission est convaincue qu'elle ne pouvait mieux traduire le sentiment de la Chambre de Commerce, ni invoquer une autorité plus respectable. Elle vous propose en conséquence de conclure énergiquement au maintien de l'article 36 tel qu'il a été présenté par le gouvernement, et au rejet de l'amendement voté par le Sénat.

ARTICLE 41. — Les causes de nullité de Société sont beaucoup trop nombreuses. On en compte jusqu'à vingt-six.

Abordons maintenant la grosse question des nullités.

« Les lois étrangères, dit M. Mathieu Bodet (1), ne créent aucune cause de nullité particulière au contrat de Société. La loi Belge et la loi Italienne ne font à cet égard qu'une seule exception, pour le cas où les Sociétés n'ont pas été constituées par acte notarié. Sauf cette exception, le contrat de Société est soumis, comme tous les autres contrats, aux principes généraux qui règlent les conditions essentielles de la validité des conventions.

Inconvénients du système.

« Chez nous, au contraire, dans la loi actuellement en vigueur, et surtout dans le projet de loi, des causes de nullité sont écrites à chaque ligne. On peut dire, d'une façon générale que, si des clauses illégales sont insérées dans les statuts, elles entraînent la nullité de la Société tout entière. Il en résulte que le contrat de Société, qui a souvent pour objet des intérêts d'une importance exceptionnelle, est de tous les contrats celui qui présente le moins de sécurité et de stabilité. »

Le même auteur énumère jusqu'à vingt-six causes de nullité édictées par le projet de loi !

On devrait diviser ces causes de nullités en trois catégories.

Après les avoir soigneusement examinées, votre Commission est d'avis qu'elles doivent se diviser en trois catégories : 1° Celles qui vicient radicalement la constitution de la Société ; 2° celles que nous appellerons suspensives, en ce sens qu'elles auront pour effet de suspendre cette constitution jusqu'au moment où elles seront couvertes, à la diligence d'une

____

(1) Loc. cit.

des parties intéressées; 3° et celles qui résultent de clauses illégales insérées dans les statuts, lesquelles clauses seront considérées comme non écrites, sans qu'elles puissent mettre en question l'existence même de la Société.

1° **Causes radicales.**

La première de ces catégories comprendra les Sociétés qui auront été formées au mépris des dispositions réglementant le nombre des premiers associés et le montant de l'action, ou dont l'objet sera contraire à l'ordre public et aux bonnes mœurs.

2° **Causes suspensives.**

A la seconde se rattacheront les irrégularités suivantes :

1° Les souscriptions et les versements n'ont pas été constatés par acte notarié ;

2° La liste des souscripteurs et l'état des versements ne sont point annexés à la déclaration ;

3° L'assemblée générale a omis de constater l'existence de la souscription et le versement du quart, de vérifier et d'approuver les apports, de nommer les administrateurs ;

4° Les délibérations relatives à l'augmentation du capital n'ont pas été prises avec les formalités prescrites pour la constitution de la Société ;

5° Les statuts et les délibérations ultérieures qui les ont modifiés n'on jamais été publiés ou déposés conformément à la loi.

Quel intérêt y a-t-il en effet dans ces différents cas à renverser l'édifice entier parce qu'il lui manque son couronnement ? Pourquoi sera-t-il interdit de réparer une omission et de reconvoquer les actionnaires en assemblée générale pour leur demander une approbation nouvelle, comme il est dit à l'article 16 ?

3° **Clauses illégales réputées non écrites.**

Enfin la troisième catégorie, dans laquelle sera simplement réputée non écrite toute clause des statuts contraire à la loi(1),

---

(1) L'article, 900 du Code civil nous en fournit un exemple en matière de donations et de testaments.

englobera des faits plus souvent imputables à l'ignorance qu'à la mauvaise foi. Par exemple, le pacte social contiendra des stipulations dans le genre de celles-ci : 1° La Société sera constituée avant la souscription du capital ou le versement du quart ;

2° Elle pourra fonctionner avant sa constitution définitive ;

3° Les actions seront négociables avant ladite constitution, ou converties en titres au porteur sans avoir été entièrement libérées ;

4° Les souscripteurs et les cessionnaires intermédiaires seront affranchis de toute responsabilité quant au montant des actions qui auront passé entre leurs mains ;

5° Les administrateurs ne pourront être révoqués ; ils exerceront leurs fonctions au delà du terme normal ; ils auront la faculté de distribuer des dividendes sans avoir réalisé aucun bénéfice et en dehors des conditions indiquées à l'article 29 ; il leur sera permis d'acheter les titres de la Société, pour le compte de cette dernière, sans se conformer à l'article 33 ;

6° La formation d'un fonds de réserve légale sera interdite ; etc., etc....

Ici encore un système de démolition à outrance ne lésera-t-il pas des intérêts fort innocents de pareilles fautes ?

Le Parlement ne peut moins faire que de réagir contre cette théorie aveugle des nullités qui heurte à la fois le bon sens et les principes économiques. Nous ne sommes plus au temps de la justice sommaire, où l'on ne se contentait pas de punir le coupable sans raser sa maison.

La façon draconienne dont la jurisprudence traite les fondateurs et administrateurs auxquels la nullité de la Société est imputable est d'autant plus choquante qu'elle s'inspire de la lettre et non de l'esprit de la loi de 1867.

Il est juste de proportionner la responsabilité à la faute de chacun et au préjudice épouvé par la partie lésée. L'article 42 y pourvoit en limitant cette responsabilité au dommage causé par l'annulation soit aux tiers, soit aux actionnaires.

C'est là une excellente réforme.

Hors le cas de collusion frauduleuse, la responsabilité des commissaires devrait être déterminée par les règles générales du mandat.

Mais en frappant les commissaires solidairement avec les fondateurs et administrateurs, le Sénat a oublié que ce sont de simples vérificateurs d'écritures, des comptables, auxquels ont ne saurait demander les aptitudes d'un notaire ou d'un inspecteur des finances. Aussi votre Commission croit-elle que l'amendement du Sénat rendra plus difficile le recrutement de ces agents dont on juge le contrôle nécessaire. Il suffirait de leur appliquer les principes généraux du mandat.

Article 43. — L'annulation de la Société ne libère pas l'actionnaire de l'obligation d'opérer les versements non effectués sur le montant de ses actions.

C'était une question de savoir si les actionnaires d'une Société déclarée nulle restent soumis à l'obligation d'opérer les versements non effectués sur le montant de leurs actions. L'article 43 la tranche par l'affirmative, en vertu de la règle que la nullité n'est jamais opposable aux tiers.

Article 44. — L'action en nullité et en responsabilité se prescrira par trois ans.

L'article 44 soumet à la prescription de trois ans l'action en nullité et l'action en responsabilité qui en résulte.

Son texte amendé par le Sénat consacre encore une réforme des plus utiles.

Moins il existera de causes de nullité et plus leurs effets seront limités, mieux cela vaudra. Les Sociétés ont besoin de stabilité. Tout ce qui peut les ébranler leur est pernicieux.

Il conviendrait de préciser les causes de nullité qui ne seront prescriptibles qu'après avoir été couvertes.

A ce point de vue, votre Commission émet l'avis que la prescription triennale devrait s'appliquer à toutes les causes de nullité ou du moins qu'il y aurait lieu de préciser celles qui seront imprescriptibles tant qu'elles n'auront pas été couvertes.

Distinction.

On conçoit en effet que les différentes infractions à la loi ne soient pas traitées de la même façon. Ainsi, toutes les fois que le capital n'aura pas été entièrement souscrit ou le premier quart intégralement versé, toutes les fois aussi que les apports n'auront point été vérifiés et approuvés, la prescription ne devra courir que du jour où la cause de nullité aura cessé d'exister. Mais à quoi bon se montrer aussi exigeant lorsqu'il s'agira de l'omission de simples formalités ?

Quel besoin y a-t-il d'autoriser l'annulation d'une Société comptant dix ou quinze ans de prospérité, uniquement parce qu'on aura négligé de faire chez un notaire la déclaration de souscription et de versement, ou de publier dans les journaux un extrait des pièces déposées ?

TITRE II

Des Sociétés en commandite par actions.

Les observations qui précèdent s'appliquent pour la plupart aux Sociétés en commandite.

La plupart des [questions qui viennent d'être examinées à propos des Sociétés anonymes confinent aux Sociétés en commandite par actions.

Les observations spéciales à ces dernières ne motivent pas d'autres observations.

TITRE III

Dispositions particulières aux Sociétés à capital variable.

Ces dispositions sont satisfaisantes.

L'ensemble des prescriptions qui concernent les Sociétés à capital variable est satisfaisant.

Amendements du Sénat sur l'article 6o.

Les amendements du Sénat sur l'article 6o méritent votre approbation. Le premier fixe les droits et obligations de l'associé démissionnaire ou exclu ; le second limite à deux ans sa responsabilité. Une courte prescription est mieux appropriée à cette catégorie d'actionnaires que celle de cinq ans.

TITRE IV

Dispositions relatives à la Publicité.

Les formalités de publicité pourraient être simplifiées.

L'impression générale qui se dégage de l'étude de ce titre serait plus favorable si les formalités requises étaient simplifiées.

A quelles limites elles devraient se borner.

Mettre le souscripteur en mesure d'examiner à loisir les statuts avant que sa souscription devienne définitive; ordonner le dépôt de l'acte de Société et de ses modifications ultérieures au greffe du Tribunal de commerce soit du siège social, soit des succursales au fur et à mesure qu'elles s'établiront dans d'autres villes; publier au besoin ce dépôt dans le journal de la localité où de l'arrondissement qui aura soumissionné la ferme des annonces légales; enjoindre aux greffiers de communiquer ces pièces à quiconque en fera la demande; telles sont les conditions qu'il suffirait d'inscrire dans la loi. Tout le reste n'est qu'une accumulation de formalités inutiles.

Recueil officiel.

Le Recueil Officiel des Sociétés rendra-t-il les services que l'on espère en tirer? Pour cela il faudrait qu'il fût adressé gratuitement aux greffes des Tribunaux consulaires et aux Chambres de Commerce où il serait tenu à la disposition de tout requérant, avec un répertoire facile à compulser. Sinon il ne profiterait qu'à un nombre très restreint d'abonnés et son utilité serait des plus contestables.

TITRE V

Dispositions relatives aux obligations.

Les obligataires auront désormais le droit de se réunir en assemblées générales et de se grouper pour exercer une action collective.

Jusqu'à présent les obligataires n'avaient d'autres droits que ceux attachés à leur créance; ils ne pouvaient les faire valoir qu'individuellement. Désormais, ils seront autorisés à se grouper pour exercer une surveillance et une action collectives.

Avantages et dangers de

Une pareille dérogation au droit commun est justifiée par

cette dérogation au droit commun.

de sérieuses considérations : les obligataires sont généralement des prêteurs à très long terme; ils fournissent à la Société, pour ainsi dire, un capital supplémentaire qui, sans leur permettre d'intervenir dans sa direction, puisqu'ils ne sont pas associés, les autorise du moins à s'opposer aux actes ou aux spéculations susceptibles de le compromettre; enfin, quand les obligations sont collectivement garanties par des sûretés particulières, comme des privilèges, des hypothèques ou d'autres causes légitimes de préférence, les porteurs risqueraient d'en être frustrés, si les administrateurs ou gérants de la Société emprunteuse s'abstenaient de faire le nécessaire pour leur en assurer le bénéfice.

D'autre part, il est à craindre que, sous prétexte de contrôle et de surveillance, les obligataires ou leurs commissaires ne provoquent des conflits préjudiciables au bon fonctionnement et au crédit de l'entreprise. Sous ce rapport, les articles 80, 81 et 83 ne laissent pas que de soulever des objections d'une certaine gravité.

L'expérience en décidera.

Votre Commission émet l'avis que le système proposé ne saurait être définitivement jugé tant qu'il n'aura pas subi l'épreuve de l'expérience. Elle croit cependant que ses rouages pourraient être moins compliqués.

Article 75. — Sa rédaction incomplète se prête à d'étranges anomalies.

Avant de passer au titre suivant, elle tient à appeler votre attention sur l'article 75 qui fixe à trois pour cent le minimum de l'intérêt des obligations remboursables avec prime par voie de tirage au sort.

La loi s'est jusqu'à ce jour efforcée de limiter le taux maximum de l'intérêt pour empêcher le prêteur d'exploiter la situation besogneuse de l'emprunteur; mais ici elle intervertit les rôles en défendant aux Sociétés d'emprunter à bon marché, et en punissant de l'amende et même de la prison (article 103) les administrateurs qui leur en auront facilité le moyen.

L'exposé des motifs explique cette anomalie en disant que les obligations remboursables à un prix supérieur à celui de leur émission pourraient devenir de véritables billets de loterie.

Votre Commission constate que l'article 75 ne fera au contraire que légitimer cet abus.

En effet, en le prenant dans son sens littéral, une Société
aura le droit d'émettre à 100 francs des obligations rapportant
15 ou 20 francs, et remboursables à 500 francs dans un délai
de trois ans; par contre, il lui sera défendu de créer des titres
de 450 francs, remboursables à 500, dans l'espace de cinq années, et ne rendant qu'un intérêt annuel de 13 francs.

De quel côté sera donc la loterie? Les rédacteurs de l'article 75
ont perdu de vue que c'est l'écart entre le prix d'émission et
celui de remboursement combiné avec le taux de l'intérêt et
avec la durée de l'amortissement qui déterminera le vrai caractère de ces sortes d'obligations.

La Chambre des députés ne pourra moins faire que de mieux
traduire la pensée du législateur.

TITRE VI

Des courtiers et des Sociétés d'assurances.

Cette partie de la loi peut être adoptée sans observations.

TITRE VII

Des Sociétés étrangères

Refuser en principe aux Sociétés étrangères dont le capital
est représenté par des actions le pouvoir d'exercer en France
tous les droits accordés aux étrangers, notamment celui d'ester
en justice; les assujettir à mille formalités sous peine de nullité,
d'amende et d'emprisonnement (articles 104 et 105), c'est mé-
connaître les règles du statut personnel, entraver la liberté du
commerce et n'entrevoir que le plus petit côté du droit inter-
national.

Si une banque de Londres, d'Amsterdam ou de Milan n'est
point admise à poursuivre devant nos tribunaux le souscripteur,

l'accepteur ou l'endosseur d'une lettre de change ; si une Société étrangère qui a vendu en France des matières premières ou des produits fabriqués se voit opposer en justice une fin de non recevoir par les juges ou par un acheteur de mauvaise foi, aurons-nous fait une brillante conquête au point de vue de nos intérêts nationaux ? Sommes-nous bien sûrs qu'elle ne nous coûtera pas très cher en nous privant d'une quantité d'affaires de banque et d'arbitrage, de placements et de transactions commerciales avec le dehors, sans parler des éventualités de représailles dont nos Sociétés seront victimes de la part des autres Etats ?

Ce titre VII a besoin d'être largement revu et corrigé. Le projet de loi devrait autant que possible réserver la question de réciprocité internationale et subordonner l'établissement en France des Sociétés étrangères, l'émission et la cote de leurs titres sur nos marchés, à des autorisations administratives qui n'auront point le caractère d'exclusivisme général dont votre Commission vient de vous indiquer les inconvénients.

Est-ce utile ?

Le titre VII doit être revisé de fond en comble.

TITRE VIII

Dispositions Pénales

La police correctionnelle, l'amende et à plus forte raison la peine de l'emprisonnement devraient être réservées aux infractions présentant un aspect essentiellement frauduleux et délictueux.

Avec une brutalité qui viole tous les principes du droit pénal le projet de loi frappera du même bras vengeur la contravention, l'omission involontaire et la mauvaise foi.

Trompé par un comptable infidèle, ou se méprenant sur les apparences, un administrateur aura-t-il déclaré dans un acte notarié, que le capital a été réellement souscrit et versé ; laissera-t-il délivrer, négocier ou transférer les actions de la Société, convaincu que celle-ci est définitivement constituée ;

Il règne dans ces dispositions une confusion et une exagération regrettables.

Le législateur ne s'attache qu'au fait matériel qui doit toujours être puni quelle qu'ait été l'intention.

Exemples intéressant les fondateurs et administrateurs.

autorisera-t-il dans cette même conviction le commencement des opérations sociales ; marié sous le régime dotal ou de la séparation de biens, a-t-il négligé de transmettre un extrait de són contrat de mariage aux greffes des tribunaux et à la mairie ; sera-t-il parvenu à faire profiter sa Société d'un emprunt avantageux, contrairement à l'article 75, fût-il même le prêteur ou l'un des prêteurs ; aura-t-il oublié de frapper du timbre d'inaliénabilité les actions d'apport ; malgré ses ordres formels,. manquera-t-on de remplir en temps opportun la moindre des formalités de publicité prescrites par la loi ; les factures, imprimés et autres documents sociaux ne porteront-ils pas lisiblement et en toutes lettres la mention : Société anonyme, Société étrangère, ou certaines autres indications, etc... le voilà personnellement, et solidairement avec les fondateurs, apporteurs et les autres administrateurs, passible d'amende, de prison, de responsabilités civiles, sans qu'aucun d'eux puisse exciper de sa bonne foi pour obtenir un acquittement. La loi est formelle. Leur seule ressource consistera plaider les circonstances atténuantes et à solliciter une condamnation mitigée (1).

Exemples intéressant les actionnaires, les publicistes, les intermédiaires, etc... Avez-vous acheté ou vendu, soit pour vous, soit pour un tiers, des titres français ou étrangers que vous aviez mille raisons de croire négociables, et qui en fait se négocient depuis longtemps à là Bourse ou en banque ; dans un prospectus, une circulaire ou un journal avez-vous publié le cours d'actions ou obligations ayant toutes les apparences de la négociabilité ; faites-vous connaître par un moyen quelconque une émission contraire aux prescriptions de l'articie 75 ; vous êtes-vous présenté dans une assemblée d'actionnaires comme propriétaire des titres appartenant à votre père, à votre frère ou à quelqu'un de vos amis, sans avoir eu le soin de vous munir d'un pouvoir régulier ; vous tomberez encore sous le coup de la loi.

---

(1) Voir les articles 97, 98, 99 amendé, 103, 104, 105, 106 et 107.

Que vous ayez agi sciemment ou inconsciemment, qu'il en soit résulté ou non un préjudice pour autrui, la police correctionnelle vous attend ; vous en sortirez condamné, peut-être déshonoré, trop heureux encore si vous y avez trouvé des juges disposés à vous accorder le bénéfice des circonstances atténuantes (1).

Est-ce donc là ce que l'exposé des motifs appelle se « montrer sévère à l'égard de la fraude, indulgent aux hommes de bonne foi ? » (2).

On ne saurait trop protester contre les idées de réaction et de défiance systématique dont se sont inspirés les rédacteurs du projet.

En principe, quand il s'agit de punir, le juge doit rechercher d'abord l'intention de celui qui est en faute. Ici le fait matériel domine tout le reste. La flétrissure est fatale.

Vous vous joindrez certainement, Messieurs, à votre Commission pour en appeler aux Pouvoirs Publics mieux informés. Vous demanderez avec insistance qu'ils établissent deux ordres de sanction : l'un purement civil pour les actes dommageables qui n'auront aucun caractère frauduleux ; l'autre aussi sévère que l'on voudra pour ceux que réprouve la morale publique. Que les auteurs des premiers soient justiciables des tribunaux ordinaires ; que les agissements coupables soient déférés à la police correctionnelle !

On doit tracer une ligne de démarcation très nette entre les uns et les autres, si l'on veut élever la législation des Sociétés au niveau des lois pratiques et fécondes. La solution du problème est là ; elle n'est pas ailleurs.

Il faut établir deux ordres de sanction, l'un civil, l'autre correctionnel.

---

(1) Voyez les articles 98, 99 et 103.
(2) Exposé des motifs, page 6.

TITRE IX

Dispositions générales.

Plusieurs additions intéressantes ont été faites au projet du Gouvernement.

La nouvelle loi s'appliquera aux Sociétés civiles lorsqu'elles diviseront leur capital en actions. C'est la reproduction de l'article 89. Mais le Sénat ajoute que les Sociétés anonymes ne pourront émettre que des titres d'une valeur égale.

Personne ne contestera l'utilité de ces deux prescriptions.

L'article additionnel 109 est ainsi conçu :

« Les articles 6 paragraphes 2 et 3, 23, 24 paragraphe 2, 31,
« 32, 33, 34, 36, 44, 63, 71, 75 à 86, 87, 91 92, 93, 94 para-
« graphe 3, 95 et 96 sont applicables aux Sociétés constituées
« antérieurement à la promulgation de la présente loi.

« Toutefois l'article 23 ne sera applicable à ces Sociétés que
« six mois après cette promulgation. Pendant ce délai, elles
« pourront, en se soumettant aux dispositions de l'article 22,
« modifier leurs statuts, conformément aux prescriptions de
« cet article (1). »

Le Sénat a jugé avec raison que certaines dispositions de la présente loi doivent s'appliquer aux Sociétés déjà existantes, soit pour régler des questions de jurisprudence, soit dans l'intérêt public.

Votre Commission se référant aux observations présentées dans ce rapport, fait ses réserves en ce qui concerne les articles 76, 80, 81, 83 et 85 du projet.

---

(1) Les numéros cités dans cet article correspondent à ceux du projet de la Commission Sénatoriale, et non a ceux du projet du Gouvernement.

Quant à l'article 75 ayant trait aux obligations remboursables avec prime par la voie du tirage au sort, et au titre VII sur les Sociétés étrangères. elle persiste, pour les raisons ci-dessus exposées (1), dans l'idée qu'ils ont besoin d'être com-plètement revisés.

Si la loi doit sortir du Parlement dégagée des imperfections que nous avons signalées dans le cours de cette longue étude, elle constituera un progrès considérable sur celle de 1867.

Il semble donc que, loin de limiter à six mois la période pendant laquelle les Sociétés existantes pourront se placer sous son empire, on devrait l'étendre à une ou deux années.

Faisons observer à ce sujet que, si le fisc élève la prétention de percevoir un nouveau droit proportionnel sur le capital des sociétés qui useront de cette faculté sans prolonger leur durée, il entravera dans la plupart des cas une évolution digne au contraire d'être encouragée.

C'est un point qui mérite d'être signalé à l'attention du Gouvernement.

Article 110 (additionnel). « Les délais des prescriptions édic-« tées par l'article 43 (44 du projet officiel) courront pour les « faits accomplis antérieurement, du jour de la promulgation « de la présente loi. »

S'il s'agissait de créer un droit nouveau, personne ne songerait à lui donner un effet rétroactif, dans la crainte de léser ceux qui ont intérêt à se prévaloir de la loi de 1867 ; mais on convient généralement que cette dernière est mal interprétée par la jurisprudence.

Dans son savant traité sur les Sociétés civiles et commerciales (2), M. le Président Paul Pont démontre jusqu'à l'évi-

---

(1) Pages 31, 32, 33 et 34.

(2) Nᵒˢ 1306 et 1307. Il cite dans le même sens les auteurs les plus autorisés : MM. Duvergier, Demolombe, Carel, Vavasseur, Mathieu et Bourguignat, Alauzet, Romiguière, Sourdat, Boistel, Lescœur, etc...

dence que cette interprétation ne résiste pas à l'examen, qu'elle manque par la base en affirmant tout simplement ce qui est en question.

« Quoiqu'il en soit, dit de son côté l'exposé des motifs (1), il a semblé que cette jurisprudence est contraire à l'esprit qui a présidé à la rédaction des lois de 1856, 1863, 1867. Cette question de responsabilité a toujours préoccupé ; les auteurs de ces lois ont connu les craintes des intéressés, et ils se sont appliqués à les dissiper ; ils n'ont voulu imposer aux administrateurs et fondateurs des Sociétés anonymes que des responsabilités légères tant qu'ils se comportent en hommes honnêtes et de bonne foi. On ne trouvera dans les dispositions qu'ils ont édictées aucune trace de cette idée de substitution à l'égard des créanciers, des fondateurs et administrateurs de la Société annulée. »

Dans son rapport au Sénat (2), M. Bozérian n'est pas moins ardent à protester contre les abus et les scandales auxquels la jurisprudence prête indirectement la main.

En conséquence, il serait juste d'en accorder le bénéfice aux Sociétés actuelles sans faire partir la prescription du jour de la promulgation de la présente loi.

La question étant ainsi posée, il importe que le législateur la résolve dès à présent dans le sens le plus équitable et le plus conforme à ses vues.

Votre Commission demande en conséquence que le principe de l'article 43 (44 du projet officiel) soit déclaré immédiatement applicable aux Sociétés existantes, sans restriction sur le point de départ de la prescription.

---

(1) Pages 42 et 43.

(2) Pages 75 et 76.

Résumé et conclusion.

Observations générales sur le projet officiel et sur les amendements du Sénat.

.. En résumé, pris dans leur ensemble, le projet de loi présenté par le Gouvernement et les amendements qu'y a introduits le Sénat allient aux meilleures réformes les dispositions les plus critiquables. Ils portent beaucoup trop l'empreinte de la théorie, et l'on sent qu'ils sont l'œuvre de juristes distingués chez lesquels la préoccupation du droit pur et une tendance très accentuée aux mesures de réaction paraissent l'avoir emporté sur les considérations d'intérêt pratique.

La théorie y a pris le pas sur la pratique.

.Au lieu de faire une loi de principes, traçant les grandes lignes auxquelles se rattacheront tous les faits contingents, le législateur s'est appliqué à viser une foule de cas particuliers. On conçoit que par cette méthode il ait été impuissant à prévoir tous ceux qui auront un caractère répréhensible ; aussi la fraude s'ingéniera-t-elle bientôt à passer entre les barrières de ses prohibitions pour braver impunément les tribunaux désarmés.

Au lieu d'une loi de principes, on a fait une loi d'espèces.

De tout temps, les questions de l'ordre commercial ont été régies par l'équité. On s'en est bien trouvé. Aujourd'hui, à l'équité on entend substituer le droit strict, un formulaire compliqué de procédure et un système tumultueux de pénalités plus propre à écarter les hommes de bonne foi qu'à paralyser les chevaliers d'industrie et les gens peu délicats.

A l'équité qui est le fond du droit commercial, on substitue le droit strict, un formulaire compliqué de procédure, et un système exagéré de pénalités.

Quand il suffisait de compléter le droit commun, c'est une loi d'exception qui surgit, plus sévère que celles qui ont cours dans les autres pays civilisés, hérissée de nullités et de rigueurs illusoires, stérilisante à force de vouloir être protectrice, destructive parfois sous prétexte de moralisation.

C'est en un mot une loi d'exception.

Que les actions restent nominatives jusqu'à leur entière libération ;

Enumération des dispositions sur lesquelles il y a lieu d'émettre un avis favorable, sans aucune réserve.

Que les titulaires, souscripteurs et porteurs intermédiaires soient responsables des versements non encore effectués, et qu'une sage procédure facilite la poursuite de cette responsabilité, aussi bien que les recours qu'ils auront à exercer les uns contre les autres ;

Que la prescription biennale décharge ceux qui ont aliéné leurs titres ;

Que les apports en nature puissent être représentés par des actions partiellement libérées ;

Qu'il soit loisible de créer des parts de fondateurs avec des droits nettement définis ;

Qu'on permette aux actionnaires de confier à des experts la vérification de la souscription et du versement du capital, ainsi que l'appréciation des apports en nature ;

Que les administrateurs même statutaires soient toujours révocables et que leur acceptation soit régulièrement constatée ;

Qu'ils s'abstiennent de prendre part au vote pour la nomination des commissaires ;

Que sous certaines conditions l'action rapporte un intérêt pendant la période de premier établissement ;

Que les Sociétés ayant continué à payer des intérêts ou dividendes sur les titres sortis au tirage n'aient plus le droit d'imputer ces paiements sur le remboursement du capital ;

Que les formalités prévues pour la constitution de la Société s'appliquent à toute augmentation du capital social ;

Qu'on interdise aux Sociétés de racheter leurs propres actions en dehors des cas énumérés dans la loi ;

Que la responsabilité des commissaires soit déterminée par les règles générales du mandat ;

Que les fondateurs gérants, administrateurs ou apporteurs n'encourent à l'égard des tiers et des associés que la responsabilité du dommage résultant de l'annulation de la Société ;

Que dans les Sociétés déclarées nulles, l'actionnaire resté astreint à l'obligation de libérer son titre pour faire face au passif ;

Que les demandes en nullité, et celles en responsabilité qui en seront la conséquence ne soient plus recevables au delà de trois ans, sous les distinctions que nous avons indiquées (1) ;

Que, dans les Sociétés à capital variable, l'associé démissionnaire ou exclu ne puisse provoquer la dissolution de la Société, et qu'il demeure personnellement pendant deux ans tenu des engagements sociaux contractés au moment de sa retraite ;

Qu'en cas de liquidation ou de faillite, le porteur d'obligations remboursables avec prime, par voie de tirage au sort, fasse équitablement régler ses droits ;

Que les obligataires aient la faculté de se réunir pour délibérer, de se grouper afin d'exercer une action collective, de nommer des commissaires ayant qualité pour consentir tous actes relatifs aux sûretés particulières qui leur ont été promises ;

Que les Sociétés anonymes ne puissent diviser leur capital qu'en actions d'une valeur égale ;

Tout cela est à la fois utile et pratique.

Votre Commission vous propose donc d'émettre sur ces différentes dispositions, et sans aucune réserve, un avis favorable.

---

(1) Page 28.

Vœux qu'il convient de formuler pour remédier aux imperfections de la loi projetée.

Afin de combler les lacunes du projet de loi et de remédier à ses imperfections, elle formule en terminant un certain nombre de vœux auxquels vous vous associerez sans aucun doute :

1° Assimilation complète des Sociétés, quelle que soit la forme de leurs statuts, notamment en matière d'hypothèques (art. 1er § 2);

2° Libération intégrale des actions de cent francs, ou tout au moins de celles de cinquante francs, au moment de leur émission (art. 3, § 1 amendé);

3° Nécessité d'opérer le premier versement d'une manière *effective*, même par l'entremise d'un tiers, sans avoir égard à l'origine des deniers; rejet de l'amendement du Sénat exigeant que ce versement ne puisse se faire autrement qu'*en espèces* (art 3, § 2);

4° Possibilité de céder, conformément aux articles 1689 et suivants du Code civil, les actions d'une Société non encore constituée; rejet de l'amendement voté par le Sénat (art. 5, § 1);

5° Maintien des amendements adoptés sur l'article 6;

6° Nécessité de règlementer les délais et formalités de transfert, et d'édicter une sanction contre ceux qui font circuler des titres non libérés au moyen d'une feuille de transfert en blanc;

7° Maintien de l'article 7 du projet officiel; rejet des amendements votés par le Sénat au sujet des actions d'apport; subsidiairement, adoption du second de ces amendements, mais en limitant à trois ou six mois, au plus, la période d'inaliénabilité;

8° Modification de l'article 8 dans le sens indiqué par le Sénat;

9° Suppression du second alinéa de l'article 9, en rendant obligatoire l'expertise autorisée par le § 3 ;

10° Utilité qu'il y aurait à permettre dans certains cas au souscripteur de se retirer après avoir entendu le rapport des experts et commissaires chargés de la vérification des apports (art. 11);

11° Suppression du dernier alinéa de l'article 12;

12° Application de l'article 419 du Code pénal aux syndicats financiers, quand ils auront pour but d'éluder les prescriptions de la présente loi, de fausser intentionnellement le marché, ou de jeter malicieusement le discrédit sur des Sociétés existantes (art. 13);

13° Interdiction d'émettre directement ou indirectement des actions avec une prime, à moins que celle-ci ne profite à la Société et ne soit portée à un compte de réserves ou d'amortissement;

14° Faculté de recruter les administrateurs en dehors des associés, à charge par ceux qui seraient ainsi nommés d'effectuer dans les trois mois le dépôt d'actions prescrit par l'article 17 (art. 14);

15° Adoption des dispositions additionnelles votées sur les articles 15, 16 et 18;

16° Rejet de l'article 23 du projet, et à plus forte raison de l'alinéa ajouté par le Sénat; rétablissement de l'article 31 de la loi de 1867, en subordonnant, s'il le faut, à l'approbation des deux tiers ou des trois quarts des actionnaires les modifications aux statuts, quand elles porteront sur les points indiqués audit article 23 : la tyrannie des minorités étant souvent aussi funeste que celle des majorités;

17° Maintien du second alinéa de l'article 33, sous la condition que les actions rachetées devront être immédiatement annulées; suppression de l'article 34;

18° Maintien de l'article 36; rejet de l'amendement sénatorial exigeant une autorisation nominative et expresse pour

chaque affaire traitée par la Société avec un de ses administrateurs;

19° Division des causes de nullité en trois catégories : causes
radicales, causes purement suspensives de la constitution,
causes provenant de stipulations illégales dans les statuts, lesquelles seront simplement réputées non écrites (art. 41);

20° Rejet de l'amendement du Sénat au § 2 de l'article 42,
en ce qui concerne la responsabilité solidaire des commissaires,
hors le cas de collusion frauduleuse;

21° Modification de l'article 44 dans le sens de la rédaction
du Sénat, en spécifiant les nullités qui seront imprescriptibles
tant qu'elles n'auront pas été couvertes;

22° Simplification des formalités de publicité (Titre IV);
envoi gratuit du Recueil Officiel aux greffes des Tribunaux consulaires et aux Chambres de commerce, pour y être communi-
qué à tout requérant;

23° Révision de l'article 75 qui se prête à de singulières ano
malies, et admission de l'article 76 additionnel du Sénat;

24° Réserves à formuler ou précautions à prendre dans l'application des articles 80 et 83 ;

25° Refonte complète du titre VII sur les Sociétés étrangères, de peur d'entraver nos transactions commerciales ou
financières, et d'appeler sur nos Sociétés les représailles des
autres Etats; utilité qu'il y aurait à soumettre chaque cas par-
ticulier aux autorisations administratives, et à réserver le principe de la réciprocité internationale, le cas échéant;

26° Révision radicale du titre VIII relatif aux dispositions
pénales, de façon à rendre justiciables des Tribunaux civils
ceux dont la bonne foi n'est pas douteuse, et à réserver la juri-
diction et les sanctions correctionnelles aux agissements ayant
un caractère frauduleux;

27° Prolongation du délai accordé aux Sociétés existantes pour se placer sous l'empire de la nouvelle loi; interdiction aux agents du fisc de percevoir un nouveau droit proportionnel sur le capital de celles qui voudront user de cette faculté (article 109 additionnel, § 2);

28° Application immédiate de l'article 44 amendé du projet aux Sociétés actuelles, sans prendre pour point de départ de la prescription triennale le jour de la promulgation de la loi (art. 110 additionnel);

29° Nécessité d'élaguer toutes les dispositions qui donnent au projet du Gouvernement ou du Sénat l'allure d'une loi d'espèces, de réaction et même d'exception, alors qu'elle doit être au premier chef une loi de principes, d'équité et de progrès.

Vœux sur lesquels la Chambre de commerce doit particulièrement insister.

Votre Commission, Messieurs, ne doute pas que vous ne signaliez aux Pouvoirs Publics, avec une insistance toute particulière les vœux qu'elle a exprimés sous les n°s 3, 6, 7, 12, 13, 16, 18, 19, 23, 25, 26, 28 et 29, pour les motifs et considérations développés dans le présent rapport.

Ce rapport entendu,

LA CHAMBRE DE COMMERCE DE LYON l'adoptant dans ses termes et conclusions,

Le convertit en délibération.

Décide qu'il sera transmis à M. le Ministre du Commerce.

Pour extrait conforme :

Le Secrétaire, membre de la Chambre,

ADRIEN GOURD.

Imp. WALTENER ET Cⁱᵉ, rue Belle-Cordière, 14. — Lyon.

9 782019 274238